Pour être fort gentil, pour se faire entendre dire,
Il faut mon Fils apprendre bien à lire.

Méthode Amusante Pour Enseigner L'A.B.C

Récréation
après la
Lecture

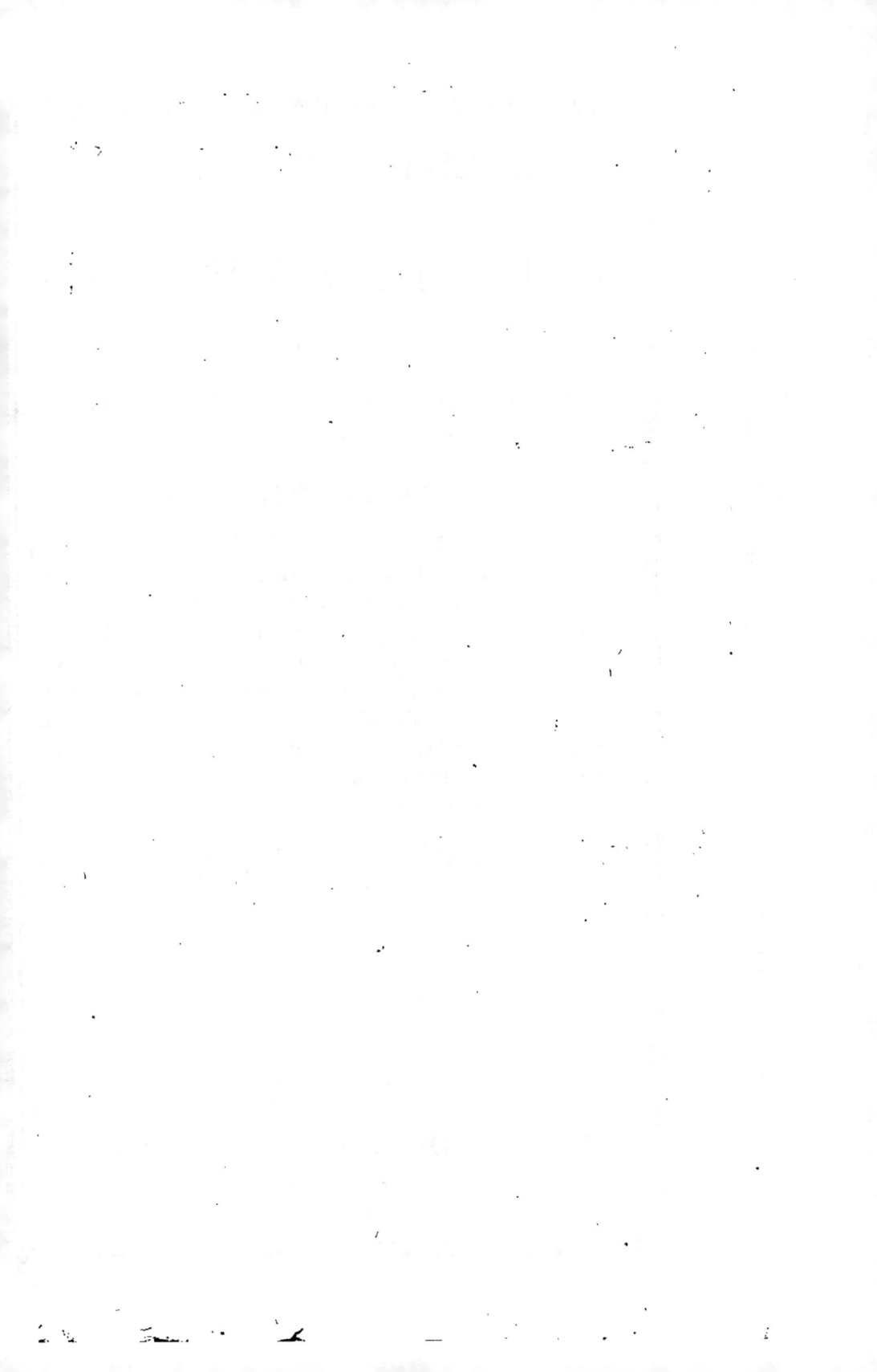

ABÉCÉDAIRE RÉCRÉATIF,

OU

MÉTHODE AMUSANTE,

Ornée de jolies Gravures

Propres à piquer la curiosité des enfans, et à hâter leur instruction.

DERNIERE ÉDITION,

Contenant , 1.º Des Alphabets de différens caracteres. 2.º Des Syllabes dont le nombre est augmenté. 3.º L'Explication des différens animaux représentés par les gravures dont une correspond à chaque lettre. 4.º Des Contes historiettes. 5.º Des Principes d'ortographe pour les accens, la maniere de prononcer les consonnes, la ponctuation, etc. 6.º De jolies Fables de différens auteurs connus. 7.º Un petit Traité d'arithmétique. 8.º Des Chiffres romains et arabes. 9.º Et enfin des Pensées propres à leur servir d'exemples.

Le tout mis à la portée du premier âge, à l'usage des maisons d'éducation.

A AVIGNON,

CHEZ J.-A. JOLY , IMPRIMEUR-LIBRAIRE.

1813.

AVIS DES ÉDITEURS.

De nombreuses éditions, enlevées rapidement, prouvent que cet Alphabet est presque généralement adopté. Conformément aux demandes de quelques Instituteurs , nous avons employé un caractere plus gros pour les mots divisés en syllabes ; le nombre des Historiettes a été augmenté ; nous avons ajouté des Principes d'écriture et les premieres regles du calcul.

Les cinq exemplaires exigés par la Loi du 5 Février 1810 , ont été déposés.

a	b
c	d
e	f

g	h
i	k
l	m

n o

p q

r s

A 3

t	u
v	x
y	z

MAJUSCULES ROMAINS.

A B C D E F

G H I J K L

M N O P Q R

S T U V X Y Z.

MAJUSCULES ITALIQUES.

A B C D E F

G H I J K L

M N O P Q R

S T U V X Y Z.

FIGURE DES LETTRES COMPARÉES.

A	a	*A*	*a*
B	b	*B*	*b*
C	c	*C*	*c*
D	d	*D*	*d*
E	e	*E*	*e*
F	f	*F*	*f*
G	g	*G*	*g*
H	h	*H*	*h*
I	i	*I*	*i*
K	k	*K*	*k*
L	l	*L*	*l*

M	m	*M*	*m*
N	n	*N*	*n*
O	o	*O*	*o*
P	p	*P*	*p*
Q	q	*Q*	*q*
R	r	*R*	*r*
S	s	*S*	*s*
T	t	*T*	*t*
U	u	*U*	*u*
V	v	*V*	*v*
X	x	*X*	*x*
Y	y	*Y*	*y*
Z	z	*Z*	*z*

MINUSCULES DE BATARDE.

a b c d e f

g h i j k l

m n o p q r

s t u v x y z

CHIFFRES ARABES.

1 2 3 4 5

6 7 8 9 0

MAJUSCULES-DE BATARDE.

A A B B C

C D D E F

G H I K L

M M M N

O P P Q

R S T U V

X Y Z

ALPHABET QUADRUPLE,

*Ou Lettres majuscules et minuscules,
romaines et rondes.*

A a	B b	C c	D d	E e
A a	*B b*	*C c*	*D d*	*E e*
F f	G g	H h	I i	J j
F f	*G g*	*H h*	*I i*	*J j*
K k	L l	M m	N n	O o
K k	*L l*	*M m*	*N n*	*O o*
P p	Q q	R r	S s	T t
P p	*Q q*	*R r*	*S s*	*T t*
U u	V v	X x	Y y	Z z
U u	*V v*	*X x*	*Y y*	*Z z*

Toutes

Toutes ces lettres que tu viens de voir, mon enfant, ne se prononcent pas toutes de la même maniere : dans les vingt-quatre, il y en a cinq que l'on nomme *voyelles*, qui, à elles seules, produisent un son plein et net.

Voici les voyelles : fais comme les petits garçons de l'image.

a e i o u

A E I O U

Les dix-neuf lettres qui restent se nomment *consonnes* ; les voici :

b, c, d, f, g, h, j, k, l, m,
n, p, q, r, s, t, v, x, z.

Elles ne forment des mots qu'à l'aide des voyelles que tu viens de répéter, d'où elles empruntent leur son, de maniere que la lettre *B* se prononce comme s'il y avoit un *e* après le *B.*

B

Syllabaire simple.

a	e	i	ou y	o	u
ba	be	bi		bo	bu
ca	ce	ci		co	cu
da	de	di		do	du
fa	fe	fi		fo	fu
ga	ge	gi		go	gu
ha	he	hi		ho	hu
ja	je	ji		jo	ju
ka	ke	ki		ko	ku
la	le	li		lo	lu
ma	me	mi		mo	mu
na	ne	ni		no	nu
pa	pe	pi		po	pu
qua	que	qui		quo	quu
ra	re	ri		ro	ru
sa	se	si		so	su
ta	te	ti		to	tu

va	ve	vi	vo	vu
xa	xe	xi	xo	xu
za	ze	zi	zo	zu

Syllabaire composé.

bla	ble	bli	blo	blu
bra	bre	bri	bro	bru
cha	che	chi	cho	chu
cla	cle	cli	clo	clu
cra	cre	cri	cro	cru
dra	dre	dri	dro	dru
gla	gle	gli	glo	glu
gra	gre	gri	gro	gru
pla	ple	pli	plo	plu
pra	pre	pri	pro	pru
pha	phe	phi	pho	phu
tla	tle	tli	tlo	tlu
tra	tre	tri	tro	tru

Pa pa.

Ma ma.

Na nan.

Da da.

Tou tou.

Jou jou.

Cou teau.

Gâ teau.

Cha peau.

Bé guin.

Jar din.

Rai sin.

Chi en.

Car lin.

Se rin.

Voi sin.

Mas se pain.

Car ton.

Pois son.

Han ne ton.

Hé ris son.

Pa pil lon.

Hi ron del le.

De moi sel le.

Ar ti chaut.

A bri cot.

Ar ro soir.

A breu voir.

Ré ser voir.

É gru geoir.

Ba lan ce.

Con fi an ce.

Com plai san ce.

Ger çu re.

Brû lu re.

En ge lu re.

Con fi tu re.

Ra quet te.

Ja quet te.

Noi set te.

Cein tu re.

Fri su re.

Cou ver tu re.

Pa ra sol.

Tour ne sol.

Ros si gnol.

Ré glis se.

É cre vis se.

Bas' cu le.

Re non cu le.

Ri di cu le.

Ar ti fi ce.

Bé né fi ce.

Hu mi li té.

Do mi ci li té.

Vi va ci té.

Hon nê te té.

Vo ra ci té.

Sin gu la ri té.

Fa mi li a ri té.

Vail lan ce.

Pa ti en ce.

Sur veil lan ce.

Bi en veil lan ce.

Ex tra va gan ce.

Il lu mi na ti on.

Os ten ta ti on.

In di gna ti on.

Dis si pa ti on.

Vo mis se ment.

É va nou is se ment.

É blou is se ment.

I nu ti le ment.

Heu reu se ment.

Sin gu li é re ment.

Pro di gi eu se ment.

At ten ti ve ment.

Gran de ment.

Ad mi ra ble ment.

Phrases à épeler.

Les cou teaux cou pent;
les é pin gles pi quent; les
chats é gra ti gnent; le feu
brû le.

Voici un cheval, il a qua tre jam bes ; les oiseaux n'ont que deux jambes ; mais ils ont deux ailes ; ils vo lent.

Les pois sons ne vo lent pas, ils na gent dans l'eau ; les pois sons ne pour roient pas vi vre dans l'air : le vez la tê te vous ver rez le so leil.

C'est Dieu qui a fait le so leil: Dieu a fait tout ce que nous vo yons ; il est le maî tre de tout, il sait tout.

Pour plai re à Dieu, un

en fant doit o bé ir à ses
pa rens, et s'ap pli quer à
bi en li re.

Il faut que cha cun tra-
vail le ; ce lui qui ne travail le pas , ne mé ri te
pas de man ger.

Le pain se fait a vec
de la fa ri ne ; la fa ri ne se
fait a vec du blé.

Pour a voir du blé, il
faut le se mer ; a vant de
se mer, il faut la bou rer ;
la ter re est dif fi ci le à
la bou rer.

Le blé pous se des ra-
ci nes ; les ra ci nes por-

tent u ne ti ge ; cet te ti-
ge pro duit un é pi ; cet é-
pi ren fer me des grains
de blé.

Les ar bres ont des ra-
ci nes qui sont com me
leurs pieds ; ils ont des
bran ches, qui sont com-
me leurs bras, et des ra-
meaux, qui sont com me
leurs mains.

Sur les ra meaux, il vi-
ent des feuil les et des
fleurs ; quand les fleurs
sont tom bé es , il res te
un pe tit fruit ; ce fruit
de vi ent gros ; on le man-

gè, quand le so leil l'a
mû ri.

La pom me est le fruit
du pom mier ; on fait du
ci dre a vec des pom mes,
quand el les ont é té é-
cra sé es dans un pres-
soir.

A vec des rai sins on
fait du vin ; les rai sins
sont le fruit de la vi gne.

Nos che mi ses sont de
toi le ; la toi le se fait a vec
du fil ; le fil se fait a vec
du chan vre : on se me la
grai ne qui pro duit le
chan vre.

Nos

Nos ha bits sont or di-
nai re ment de lai ne ; la
lai ne croît sur les mou-
tons ; on la fi le.

On ne tond les mou-
tons qu'u ne fois dans l'an-
né e ; u ne an né e est com-
po sé e de dou ze mois :
dans un mois il y a tren-
te jours.

Quand on est jeu ne,
u ne an né e pa roît bi en
lon gue.

On croit qu'on ne de-
vi en dra ja mais vi eux.

La glou ton ne ri e ô-
te la san té.

Ne dé ro bez ri en.

Ne je tez pas du pain
à ter re ; si vous en a vez
trop, il y a des gens qui
n'en ont pas as sez.

Ne vous met tez pas
en co le re.

L'en fant doux se fait
ai mer.

On ché rit l'en fant
com plai sant.

Ne mé pri sez per-
son ne.

L'en fant le plus ins-
truit n'est pas ce lui qui
par le le plus.

Si vous dé si rez trop,

vous ne se rez ja mais
heu reux.

Pour qu'on sup por te
vos dé fauts, sup por tez
ceux des au tres.

Si vous vou lez vous
fai re ai mer, ren dez-
vous ai ma ble.

Ne fai tes pas à vos
ca ma ra des ce que vous
se riez fâ ché qu'ils vous
fis sent.

Dé fi ez-vous de qui-
con que pré tend ren-
dre les hom mes plus
heu reux qu'ils ne veu-
lent l'ê tre; c'est la chi-

me re des u sur pa teurs,
et le pré tex te des ty-
rans.

Dans la bou che d'un
four be, le com pli ment
est un pié ge cou vert de
fleurs, ten du aux per-
son nes cré du les, ou qui
s'ai ment trop. Dans la
bou che d'un hom me sin-
ce re, c'est u ne ex pres-
sion suc cin te de l'es ti me
et de l'af fa bi li té.

EXPLICATION DES GRAVURES.

a   Autruche.

Cet oiseau, dont les plumes sont si larges, si belles, est presque aussi haut qu'un homme monté à cheval : c'est le plus grand des oiseaux. Outre qu'il a les jambes longues, il se sert de ses ailes pour mieux courir, quand le vent est favorable. Le vent est bien commode, quand on sait le mettre à profit. Le forgeron se sert du vent pour allumer son feu ; le batelier dresse ses voiles pour faire avancer son bateau ; le boulanger nettoie son blé avec une roue garnie de quatre volans ; nous-mêmes, nous nous procurons du vent en agitant l'air avec un éventail.

C 3

b Bossu.

Ceux qui se moquent des bossus ont grand tort. Il est rare qu'on soit bossu par sa faute ; d'ailleurs, les bossus ont de l'esprit. Comme ils se sentent exposés aux mauvaises plaisanteries, à cause de leur difformité, ils font de bonne heure usage de toute leur raison, pour gagner du côté des talens, ce qui leur manque du côté du corps.

c Chameau.

Sans le secours de cet animal, qui peut passer jusqu'à dix jours sans boire, il auroit été impossible de traverser des déserts où le voyageur ne trouve que des sables brûlans. Le chameau seul peut rendre autant de services que le cheval, l'âne et le bœuf réunis. Il n'est pas plus délicat que l'âne sur la qualité de la nourriture ; sa chair, quand il est jeune, est aussi bonne que celle du veau, et son poil est plus recherché que la plus belle laine. Il marche vîte, porte des fardeaux très-pesans, et réunit à ces qualités utiles, une autre plus précieuse encore, la docilité; au simple commandement de son maître, il vient s'agenouiller entre les ballots, pour lui égargner jusqu'à la peine de les élever.

d Dromadaire.

Ce qui distingue le dromadaire du chameau, c'est qu'il n'a qu'une bosse sur le dos; du reste, ces deux animaux se ressemblent autant par la conformation que par la docilité. On fait avec leur poil, qui tombe tous les ans, des chapeaux fins et de très-belles étoffes. Le chameau, le dromadaire et l'autruche se trouvent en Asie et en Afrique.

L'Europe où est située la France, que nous habitons, ne renferme pas tout le monde; il y a trois autres parties, qui sont l'Asie, l'Afrique et l'Amérique.

L'Europe est la plus petite des quatre parties du monde, mais la plus peuplée. L'Asie, bien plus grande que l'Europe, est l'endroit où le premier homme a pris naissance. L'Afrique, presque aussi grande que l'Asie, est si chaude, que la plupart de ses habitans sont noirs. L'Amérique, qu'on appelle le Nouveau Monde, parce qu'il n'y a que quatre cents ans qu'on en a fait la découverte, est bien plus grande que chacune des trois autres parties ; c'est de là que nous viennent le sucre, le café, le chocolat, différens bois de teinture, et beaucoup de drogues qui entrent dans la composition des médecines.

é   Eléphant.

L'éléphant est le plus grand de tous les animaux à quatre pieds. Avec son nez, qu'on appelle trompe, il peut dénouer des cordes, déboucher une bouteille, ramasser la plus petite chose, faire en un mot tout ce que les hommes font avec la main. On nomme

ivoire les deux longues dents qui sortent de sa mâchoire supérieure. Cet
animal est très-susceptible d'affection,
très - intelligent et très - docile : rarement on le voit seul ; il aime à se trouver en compagnie : dans les voyages,
le plus âgé conduit la troupe ; les plus
foibles sont au milieu, et les meres
portent leurs petits, qu'elles tiennent
embrassés avec leur trompe. Ce qu'on
va lire prouve bien leur intelligence :
Un peintre vouloit dessiner un éléphant
la gueule béante ; pour cela il s'étoit
fait accompagner d'un jeune éleve,
qui jetoit de tems en tems des fruits à
l'animal ; mais comme souvent il n'en
faisoit que le geste, l'éléphant impa-
tienté s'en prit au maître, et gâta tout
le dessin sur lequel il travailloit.

f   Fruitiere.

Il ne suffit pas d'obliger, il faut
craindre d'humilier ceux à qui l'on
donne.

» Un jour je me trouvois à une
» fête de village, disoit à ce sujet un

» homme célebre ; après dîner , la
» compagnie fut se promener dans la
» foire, et s'amusa à jeter aux paysans
» des pieces de monnoie , pour le
» plaisir de les voir se battre en les
» ramassant : pour moi , suivant mon
» humeur solitaire , je m'en fus pro-
» mener tout seul de mon côté ; j'ap-
» perçus une petite fille qui vendoit
» des pommes : elle avoit beau vanter
» sa marchandise, elle ne trouvoit plus
» de chalands : combien toutes vos
» pommes , lui dis-je ? — Toutes mes
» pommes ! reprit-elle , et la voilà en
» même tems à calculer en elle-même.
» — Six sous , me dit-elle. — Je les
» prends , lui dis-je , pour ce prix , à
» condition que vous irez les distribuer
» à ces savoyards que vous voyez là-
» bas; ce qu'elle fit aussitôt : ces enfans
» furent au comble de la joie de se
» voir régalés , ainsi que la petite fille
» de s'être défaite de sa marchandise.
» Je leur aurois fait moins de plaisir,
» si je leur avois donné de l'argent.
» Tout le monde fut content, et per-
» sonne ne fut humilié. «

g

h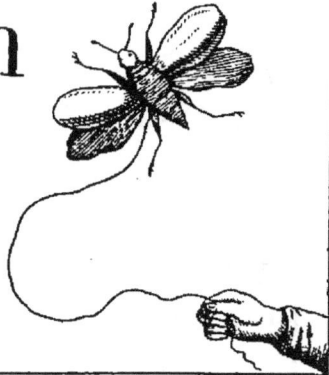

i

J k

l

m

g Giraffe.

Lorsque la giraffe a pris son accroissement, elle est de trois fois plus haute que le plus grand cheval ; mais cette hauteur n'est par proportionnée ; car le cou en fait presque la moitié : d'ailleurs, les jambes de derriere sont trop courtes par rapport à celles de devant. Avec ce défaut la giraffe ne peut pas bien courir ; aussi, quoiqu'elle ne soit pas farouche , on n'a pas essayé d'en faire une monture. Il en est des animaux comme des hommes ; on ne les recherche qu'à raison de leur utilité. On trouve des giraffes en Afrique. Leur peau est marquée de petites taches blanches sur un fond brun.

h Hanneton.

Comme le hanneton vole brusquement, on dit en proverbe : *Etourdi comme un hanneton.* Cet insecte , à cause de sa docilité, est un de ceux que les enfans ont choisi pour leur amusement. Malheur aux vauriens qui se donnent le barbare plaisir de le priver de ses pattes ou de ses ailes.

~~~~~~~~~~~~~~~~~~~~~~~~

i # Imprimeur.

Les livres n'ont pas toujours été aussi communs qu'ils le sont aujourd'hui. Autrefois il falloit être bien riche pour s'en procurer, parce qu'on mettoit beaucoup de tems à les écrire; à présent qu'on les imprime, la besogne va si vîte, que deux ouvriers, en moins d'un jour, font sans peine ce que trente écrivains n'auroient pas fait dans un mois. Chaque lettre est moulée sur un petit quarré; ces quarrés s'arrangent dans un quadre; on les couvre d'encre, et, en foulant avec une presse, on a autant de feuilles imprimées qu'on a mis de feuilles de papier blanc sur le cadre. La gravure, qui a beaucoup de rapport avec l'imprimerie, n'est pas moins merveilleuse. En général les arts méritent notre attention. Qui diroit, en voyant une piece d'or, une épingle,

épingle , une clef, que tout cela est
sorti de la terre ? Cependant rien de
plus vrai. L'or , l'argent, le fer , le
cuivre et tous les autres métaux se
bêchent dans la terre ; ils en sortent
bruts ; on les met au feu pour les pu-
rifier ; ensuite , le forgeron les dégros-
sit , pour que les serruriers , les orfe-
vres et les bijoutiers aient moins de
peine à les mettre en œuvre.

j. **Joko.** k

Le joko est un grand singe qui marche comme l'homme , appuyé sur un
bâton. En général , les singes ont de
l'industrie ; mais ils sont grimaciers
et même un peu méchans. Lorsqu'on
les attaque , ils se défendent en jetant
des pierres à leurs ennemis. Pour piller
un verger , ils se mettent à la file , et
se font passer de l'un à l'autre les fruits
qu'ils mettroient trop de tems à aller
chercher.

Comme ces animaux imitent tout
ce qu'ils voient faire, on profite de

D

leur instinct pour les prendre. Quelquefois on se frotte devant eux le visage avec de l'eau, et l'on met ordinairement de la glu dans le vase où l'on se lave. D'autres fois on se regarde dans des miroirs qui ont des ressorts ; à peine s'est-on détourné, que les singes s'y trouvent embarrassés.

Lion.

Le lion est un animal terrible. Avec sa queue il peut étreindre cruellement un homme, lui casser une jambe, et même le tuer ; mais il n'attaque que lorsque la faim le presse. Pris jeune, il s'apprivoise, et à tout âge il est sensible aux bienfaits.

Une lionne que l'on tenoit enchaînée, fut atteinte d'un mal violent qui l'empêchoit de manger: comme on désespéroit de sa guérison, on lui ôta sa chaîne, et on jeta son corps dans un champ. Ses yeux étoient fermés, et sa gueule se remplissoit de fourmis, lorsqu'un passant l'apperçut; et croyant

remarquer quelque reste de vie dans
cet animal , il lui lava le gosier avec
de l'eau , et lui fit avaler un peu de
lait. Un remede si simple eut les effets
les plus prompts : la lionne guérit , et
elle conçut une telle affection pour son
bienfaiteur , qu'elle se laissoit con-
duire avec un cordon , comme le chien
le plus familier. Tel est le pouvoir des
bienfaits sur les caracteres même les
plus rebelles.

m   Marmotte.

Ce petit animal se tient assis comme
l'écureuil, pour prendre sa nourriture ,
et se sert des pieds de devant pour la
porter à sa bouche. Rien de plus fa-
cile que de l'apprivoiser ; aussi les
petits paysans des montagnes l'appor-
tent-ils dans nos villes , pour le faire
danser au son de la vielle. Aux appro-
ches de l'hiver , plusieurs marmottes
se réunissent pour construire , sur le
penchant d'une montagne , un grand
terrier à deux ouvertures , qui a la
forme d'un y.

C'est une si belle chose que l'union !
D'autres animaux , les abeilles sur-
tout et les fourmis, nous en donnent
l'exemple. Les abeilles dans leur ruche , sont comme des citoyens dans
leur ville. Chacune y a ses occupations,
ses habitudes, ses amis, sa demeure.
Au printems, toutes ces ouvrières vo-
lent dans les champs , pour recueillir
sur les fleurs une espece de poussiere
qu'elles rassemblent avec leurs pattes.
C'est avec cette poussiere qu'elles
forment la cire dont on fait les bou-
gies. Le miel est composé d'un suc
qu'elles pompent dans les fleurs.

Quant aux fourmis, lorsque vous en
rencontrez une , suivez-la , vous ver-
rez qu'elle se rend dans une habitation
vaste, divisée en chambrettes , toutes
bien approvisionnées , bien propres.
Grains, fruits , petits animaux morts,
tout est bon pour son ménage ; mais
c'est sur-tout la maniere dont se fait
l'approvisionnement qui est curieuse.
Lorsqu'une fourmi se trouve trop char-
gée , une autre fourmi l'aide ; et si les
deux ne sont pas assez fortes , une

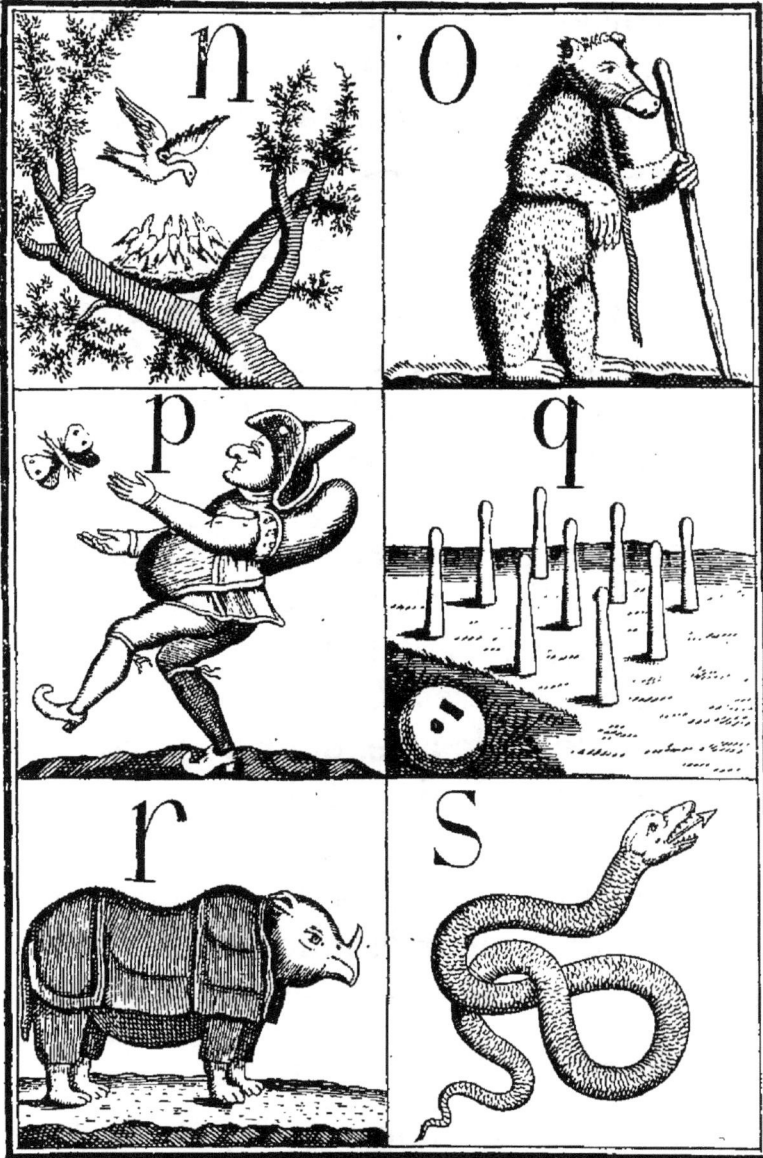

troisième vient au secours, pour trans-
porter le fardeau, souvent plus gros
que douze fourmis réunies.

Nid.

n

Un nid d'oiseaux est un chef-d'œuvre par la maniere dont les feuilles se-
ches, le duvet et le crin y sont dis-
posés. Une autre merveille, c'est la
maniere dont les petits y sont élevés.
La mere se tient près d'eux pour les
échauffer, tandis que le pere vient
dégorger dans leur bec des alimens à
demi digérés. Ces enfans chéris sont
dociles : ils attendent pour voler qu'on
leur en ait donné le signal ; ils s'es-
saient sous les yeux de leur pere, et
ne prennent d'autre nourriture que
celle qui leur est indiquée.

Ours.

o

L'ours s'apprivoise, mais il faut le
prendre jeune, autrement il conser-
veroit son caractere farouche. Dans les
bois cet animal vit seul, par indiffé-

rence pour ceux de son espèce. Parmi les hommes , le goût de la retraite a quelquefois le même motif : on se prive du secours des autres, pour être dispensé de leur en porter.

~~~~~~~~~~~~~~~~~~~~~~~~~~~~

p   Polichinel.

Deux enfans revenoient de la foire avec leur pere. C'étoit en automne ; les jours commençoient à être courts : comme ils savoient le chemin , leur pere ayant eu besoin de s'arrêter, leur dit de continuer leur route. Les voilà donc qui marchent doucement en s'entretenant des curiosités qu'ils avoient vues à la foire. Tout-à-coup une lueur tremblotante parut au milieu du chemin. Leur premier mouvement fut de reculer ; cependant l'aîné rappela à son frere ce que leur avoit dit leur pere , qu'il ne falloit pas s'effrayer de ce qui paroît extraordinaire dans les ténebres, parce qu'en approchant , on découvroit que ce n'étoit rien : en effet, ils avan-cerent , et ils ne trouverent qu'un homme qui cherchoit , avec une lanterne , sa bourse qu'il avoit laissé tomber en tirant son mouchoir. Cet homme étoit le joueur de marionnettes de la foire ; ils lui aiderent à chercher sa bourse , et ils en reçurent pour récompense le polichinel qui les avoit tant fait rire.

q   Quilles.

Les jeux sont le délassement de la jeunesse ; mais ce doivent être des jeux innocens , tels que la balle , le cerf volant , les quilles , et non pas des jeux où l'on risque de l'argent. Voyez deux joueurs se mettre à une table de jeu : leur joie n'est pas de longue durée. La mauvaise humeur s'empare du perdant ; il frappe du pied , trépigne , et s'en prend aux meubles qu'il fracasse, comme s'ils étoient complices de sa mauvaise chance.

r   Rhinocéros.

Cet animal est , après l'éléphant, un des plus gros qu'on connoisse. Sur le nez il porte une corne qui peut devenir meurtriere. Tout son corps est couvert d'un cuir que le fer ne sauroit pénétrer. Au bout de sa levre supérieure on apperçoit une excroissance pointue; c'est une excroissance qu'il alonge et qui lui tient lieu d'une main. Sans être ni féroce, ni carnassier, ni même extrêmement farouche, le rhinocéros est cependant intraitable; il est à-peu-près en grand ce que le cochon est en petit, brusque, indocile et sans intelligence.

Serpent.

Quoique les serpens n'aient pas de pattes, ils marchent à leur maniere et assez vîte; ils rampent en se servant d'une partie de leur ventre comme d'un point d'appui. Leur retraite ordinaire est dans les lieux humides, sous des tas de fumier, sous des feuilles mortes, dans des trous souterrains, où ils vivent d'herbes, de mouches, d'insectes, d'araignées, de grenouilles et de souris.

t

U

V

X

y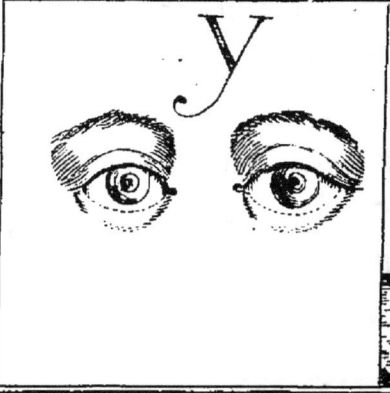

Z

Tous les serpens ne sont pas veni-
meux : les plus gros et les plus dangereux ne se trouvent pas en France. La
vipere est très à craindre ; l'aspic l'est
moins : la couleuvre ne fait de mal à
personne.

t   Tigre.

Le tigre n'est pas aussi fort que le
lion ; mais il est plus à craindre, parce
qu'il est plus cruel. Rassasié ou à jeun,
il n'épargne aucun animal, et ne quitte
une proie que pour en égorger une
autre. Heureusement l'espece n'en est
pas nombreuse. Dans la captivité , il
déchire la main qui le caresse, comme
celle qui le frappe. Cet animal a beaucoup de rapport avec le chat ; il est,
comme lui, hypocrite et caréssant par
envie de mal faire.

u   Uneau.

On a donné à cet animal le surnom
de paresseux , parce qu'il est extrêmement lent. Cependant sa lenteur est

moins l'effet de la paresse que du défaut de conformation. Il lui faut un
jour pour grimper sur un arbre; et pour
en descendre, il est obligé de se laisser
tomber. Malgré sa misere, on ne peut
pas dire que l'uneau soit malheureux,
parce qu'il n'est pas né sensible.

~~~~~~~~~~~~~~~~~~~~~~

V. Vaisseau.

Il s'en faut de beaucoup que toute
la terre soit solide; on voit des ruisseaux couler au pied des montagnes;
ces ruisseaux, en se joignant à d'autres, forment des rivieres; les rivieres
composent des fleuves, et les fleuves
contribuent à former ces amas d'eau
qu'on appelle mers. Pour franchir ces
espaces, il falloit des supports; pour
cela, on a d'abord imaginé de creuser
des arbres, puis on a joint des plan-
ches; mais il y avoit loin de ces mau-
vais bateaux à nos grands vaisseaux de
guerre, qui portent jusqu'à douze cents
hommes avec des provisions pour six
mois.

x   Xénophon.

C'est le nom d'un historien célebre. On appelle historien celui qui écrit tout ce qui arrive d'intéressant. S'il n'y avoit pas eu de ces hommes utiles , nous ignorerions tout ce qui s'est passé avant notre naissance ; et s'il n'y en avoit pas , nous ne saurions que ce qui se fait auprès de nous. Avec la connoissance de l'histoire , on est l'homme de tous les pays et de tous les tems.

y   Yeux.

Le caractere se peint dans les yeux. Le méchant a l'œil farouche : l'enfant sensible a le regard doux.

z   Zebre.

La peau du zebre est rayée de noir et de jaune clair , avec tant de symétrie , qu'il semble qu'on a pris le compas pour la peindre. C'est un âne sauvage qui marche avec une grande vî-

tesse, mais qu'on ne peut monter, parce
qu'il est indocile et têtu. Avec sa gen-
tillesse, on le préféreroit au cheval,
s'il étoit, comme lui, susceptible d'é-
ducation et familier.

HISTORIETTES.

QUELLE est cette petite demoiselle,
assise dans un coin, qui semble craindre qu'on ne l'apperçoive ?--- C'est
Emilie, qui se moque des enfans mal
vêtus. Ce matin elle avoit demandé à
sa bonne un toquet de velours orné de
paillettes. Comme elle en paroissoit
fiere, sa maman, pour la punir, lui a
fait prendre un bonnet de nuit qu'elle
gardera devant les petites voisines
qu'elle vouloit humilier.

Fanfan, le chat auroit-il mangé ton
oiseau ? j'ai trouvé beaucoup de plumes
dans l'escalier. --- Non, mon frere,
c'est moi qui l'ai plumé pour voir quelle
mine il auroit sans plumes. -- Comment!
tu as eu cette cruauté ? et tu le dis sans
rougir ?

rougir? --Mais, mon frere, on m'avoit donné cet oiseau pour m'amuser. --- Mon frere, on ne s'amuse pas à des choses qui font du mal. Si on t'arrachoit les cheveux, tu souffrirois ; l'oiseau souffre depuis que tu lui as arraché les plumes.

———

Sophie avoit un chat nommé Zizi : c'est un joli amusement qu'un petit chat ; mais Sophie avoit pour Zizi une amitié si folle, qu'elle ne pensoit qu'à lui, et qu'elle employoit la plus grande partie de son tems à le caresser. Le matin, à peine étoit-elle sortie du lit, qu'elle appeloit Zizi ; en lisant sa leçon, elle pensoit à Zizi ; au lieu de coudre, elle s'occupoit de Zizi ; et préférablement à sa poupée, c'étoit Zizi qu'elle habilloit. On ôta à Sophie son Zizi, et l'on se moqua d'elle quand elle voulut le pleurer.

———

Laurette étoit une petite fille bien étourdie : il ne se passoit pas de jours qu'elle ne se fît du mal, ou qu'elle

E

n'en causât à ses camarades. Sa maman lui avoit expressément défendu de manier des couteaux et de trop approcher du feu ; mais à peine la maman étoit-elle détournée, que la petite fille oublioit la défense. Un jour qu'on l'avoit laissée seule avec sa sœur Sophie, au lieu de faire attention à cet enfant, qui étoit plus jeune qu'elle, elle la laissa manier un couteau qui la coupa bien fort. Une autre fois, en ramassant une aiguille, elle approcha la bougie si près de son béguin, que le feu prit à la dentelle, et brûla une grande partie de ses cheveux.

***

Alphonse étoit un petit enfant de si mauvaise humeur, qu'on le voyoit pleurer pour la moindre bagatelle. S'il trouvoit sa leçon tant soit peu difficile, il disoit qu'il n'en pourroit jamais venir à bout, et il laissoit là son livre pour verser des larmes. Quand il lui manquoit un de ses joujoux, au lieu de le chercher, il se désoloit. Au moindre coup que lui donnoit en jouant un de

sés camarades, il poussoit des cris si
aigus, qu'on l'auroit cru estropié pour
la vie. Un jour son papa lui dit : Alphonse, si tu jettes ton livre pour un
mot difficile, comment veux-tu apprendre à lire ? Pendant le tems que
tu mets à pleurer tes joujoux, tu les
retrouverois ; si, pour un petit coup,
tu te mets à crier, aucun enfant ne
voudra jouer avec toi. Alphonse en-
tendit raison : ses leçons lui parurent
moins difficiles ; ses joujoux ne se
perdirent plus, et ses camarades le
regardèrent comme un bon petit enfant,
qu'ils mirent de toutes leurs parties.

———

Papa, quel plaisir si j'étois grand
comme le cerisier qui est dans notre
jardin ! Il ne me faudroit ni échelle,
ni crochet, pour avoir des cerises.
D'une enjambée je traverserois une
riviere, et puis je serois bien plus
fort si j'étois si grand ! Qu'il vînt un
ours à ma rencontre, je lui tordrois
le cou d'un tour de main. --- Mon fils,
tu ne fais donc pas attention qu'il n'y

auroit pas de place pour contenir des hommes si gros, et que tel pays qui fait vivre aujourd'hui mille hommes, en feroit tout au plus subsister vingt? Chacun de nous mangeroit un bœuf à son dîner, et tu n'aurois pas trop d'une tonne de lait pour faire ton déjeûner.

Dorval étoit un petit garçon si turbulent, que, malgré la vigilance de ceux qui l'environnoient, il lui arrivoit tous les jours quelque accident. Une fois, en marchant à reculons, il tomba du haut en bas d'un escalier; une autre fois il fit tomber sa maman en se balançant au dossier de son fauteuil. Mais voici l'accident le plus fâcheux : un jour qu'il jouoit avec une petite demoiselle, à qui croiseroit le premier deux épingles, en les poussant l'une contre l'autre, il mit dans sa bouche des épingles qui l'embarrassoient; dans le même moment, un gros chien qu'il avoit accoutumé à jouer avec lui, entra sans être apperçu, et lui mit ses deux pattes sur les épaules; Dorval, qui ne s'y

attendoit pas , fit un mouvement , et
lâcha les épingles , qui lui descendi-
rent dans le gosier. On eut beau appe-
ler les chirurgiens , Dorval mourut
d'un abcès au bout de quelques jours.

Germeuil étoit un enfant très-indo-
cile. Un jour qu'il passoit près d'une
ruche , son papa l'avertit que les abeilles étoient dangereuses quand on les
troubloit dans leur travail. Bon , dit
Germeuil , si c'étoit un gros chien ,
j'en aurois peur ; mais des abeilles ,
d'un coup de mouchoir j'en abattrois
un cent. Le petit incrédule frappa la
ruche avec sa baguette. Dans l'instant
les abeilles le poursuivirent et le pi-
quèrent au visage , au cou , aux jambes ,
aux mains , par-tout où leur aiguillon
put se faire jour.

Cécile avoit de beaux yeux , une
jolie bouche , des couleurs vives ; Cécile étoit une jolie petite fille. Elle en
devint si orgueilleuse , qu'elle ne pou-
voit supporter ceux qui avoient quel-

E 3

que défaut dans la figure ou dans la taille. Joséphine, sa sœur cadette, étoit presque laide ; mais elle étoit douce, prévenante, et savoit lire avant que Cécile connût une lettre. Cécile et Joséphine eurent ensemble la petite vérole. Joséphine supporta son mal avec patience ; mais Cécile craignant de perdre sa beauté, aigrit son sang, et fut tellement défigurée, qu'on ne se ressouvint plus qu'elle avoit été belle. Comme elle ne savoit ni travailler, ni lire, elle n'eut rien pour se distraire. Joséphine, au contraire, fut recherchée, parce qu'elle joignoit à l'esprit beaucoup de connoissances et d'amabilité.

———

Eh bien, Henri, n'est-ce pas une chose bien admirable, que ce grand arbre soit sorti d'une petite semence ? Regardez, en voici un tout jeune. Il est si petit, Charlotte, que vous aurez la force de l'arracher vous-même. Te-nez, voyez-vous ? voilà le gland encore attaché à sa racine. C'est pourtant ainsi que sont venus tous les arbres qui peu-

plent cette belle forêt que nous traver-
sâmes l'autre jour dans notre voyage.
Ce chêne seul , si tous ses glands
avoient été recueillis chaque année et
plantés avec soin , auroit déjà pû suffire
à couvrir de ses enfans la face entiere
de la terre.

MANIERE

de prononcer les consonnes.

B Bé.	N En ne.
C Cé.	P Pé.
D Dé.	Q Qu.
F Ef fe.	R Re.
G Gé.	S Es se.
H A che.	T Té.
J Gi.	V Vé.
K Ka.	X Ik ce.
L El le.	Y Y grec.
M Em me.	Z Zai de.

ACCENS

´ Aigu.
` Grave.
^ Circonflexe.

Ces accens mettent une grande différence dans la maniere dont on prononce les lettres sur lesquelles ils sont placés ; ainsi l'on ouvre beaucoup plus la bouche pour prononcer l'*e* du mot *procès*, que pour prononcer celui du mot *bonté*.

L'*e* sur lequel on met un accent aigu, s'appelle *e* fermé ; celui sur lequel on place un accent grave, s'appelle *e* ouvert.

On met l'accent circonflexe sur les voyelles qu'on prononce en appuyant, comme dans les mots *blâme*, *tempête*, *gîte*, *trône*, *flûte*.

Il y a cinq voyelles : *a*, *e*, *i*, *o*, *u* ; on les appelle voyelles, parce qu'elles remplissent seules la voix.

Il n'en est pas de même des autres lettres ; on les nomme consonnes, parce qu'elles n'ont de son qu'avec une autre lettre ; ainsi, quand on prononce un *b* , le son est le même que s'il y avoit un *e* à côté.

Tréma.

Le tréma est un signe qui avertit qu'il faut prononcer la voyelle sur laquelle il se trouve, séparément de la lettre qui précède ; ainsi, dans le mot *haïr* , on prononce *ha-ir* , parce qu'il y a un tréma, et non pas *hair*.

' Apostrophe.

L'apostrophe se met en haut, à la place d'une voyelle supprimée, comme dans le mot : *l'arbre* , *l'oiseau* , parce qu'il auroit été trop dur de dire : *le arbre* , *le oiseau*.

- Trait-d'union.

Le trait-d'union se met entre deux mots qui n'en forment qu'un, comme *porte-faix* , *porte-clef* , *porte-crayon*.

ç Cédille.

La cédille se met en bas, sous la

lettre *c* , pour avertir qu'on doit prononcer ce *c* comme une *s* ; par exemple , dans le mot *leçon*.

„ Guillemets.

Les guillemets sont deux virgules qui marquent que les mots devant lesquels ils se trouvent , sont le langage de quelqu'un qui n'est pas celui qui parloit auparavant : on s'en sert encore pour faire connoître les mots ou les lignes qui sont empruntés d'un autre livre.

() Parenthese.

La parenthese se compose de deux crochets : elle marque que ce qui est renfermé entre , est détaché de ce qui précede et de ce qui suit.

Virgule ,   pour s'arrêter un peu.

Point et virgule ; pour s'arrêter davantage.

Deux points : pour s'arrêter davantage encore.

Point . pour s'arrêter tout-à-fait.

Point d'interrogation ?

Point d'admiration ou d'exclamation !

Ceux qui composent les livres ne placent pas tous ces signes indifféremment.

La virgule marque les différentes parties d'une phrase , c'est-à-dire , d'un assemblage de mots qui contribuent à former le même sens.

Le point et la virgule marquent que la phrase n'est pas entièrement finie.

Les deux points marquent qu'une phrase est finie, mais qu'elle dépend d'une phrase composée , dont toutes les parties sont liées avec la principale.

1 , 2 , 3 , 4 , 5 ,

un , deux , trois , quatre , cinq ,

6 , 7 , 8 , 9 , 0.

six , sept , huit , neuf ; zéro.

Ces caractères s'appellent chiffres arabes ; ils servent à compter.

Pour exprimer des nombres plus considérables , sans avoir recours à d'autres caractères , on est convenu que de dix unités , on n'en feroit qu'une à laquelle on donneroit le nom de *dixaine* , et que l'on compteroit par dixaines comme on compte par unités , c'est-à-dire , que l'on diroit deux dixaines , trois dixaines , etc. jusqu'à neuf dixaines ; que , pour représenter ces nouvelles unités , on emploieroit les mêmes chiffres que pour les unités simples , et qu'on les distingueroit de celles-ci , en les plaçant à leur gauche.

Ainsi , pour représenter *trente-quatre* , qui renferme trois dixaines et quatre unités , on est convenu d'écrire 34 ; pour représenter *soixante* , qui contient un nombre exact de six dixaines , sans aucune unité , on écrit 60. Zéro marque à la fois qu'il n'y a point d'unités simples , et que le nombre six exprime des dixaines.

Pour

Pour faire des comptes plus étendus, on forme de dix dixaines une seule unité, qui a le nom de *centaine*, parce que dix fois dix font cent, et on place les chiffres qui appartiennent à ces centaines, à la gauche des dixaines.

Il en est de même des *mille*, que l'on forme de dix centaines, et ainsi de suite, pour tous les nombres que l'on peut imaginer.

Les principales regles de calcul sont : l'*addition*, la *soustraction*, la *multiplication* et la *division*.

L'Addition.

Fanfan, supposons que tu tires quelques cerises d'une corbeille ; pour savoir combien tu en auras pris, tu diras,

par exemple . . . . . . 4 cerises,
plus 2 cerises,
plus 3 cerises,

font 9 cerises.

Le nombre 9 est le total que tu cherchois.

Ainsi l'addition consiste à ajouter plusieurs nombres les uns aux autres, pour en connoître la somme totale.

La Soustraction.

Supposons que tu n'aies pris que 7 cerises, et que tu en remette 4, combien t'en restera-t-il ?

de 7 cerises,
ôte 4 cerises,

reste 3 cerises.

F.

Ainsi, par la soustraction, on ôte un moindre nombre d'un plus grand, pour savoir ce qu'il en reste.

Multiplication.

Si je te donne 15 cerises par jour, combien en mangeras-tu en 4 jours ?

Multiplie 15
par 4

C'est-à-dire, compte 4 fois 15,
Tu trouveras .... 60 cerises.

La multiplication consiste donc à multiplier deux nombres l'un par l'autre, pour trouver un troisieme nombre, qui contienne le premier autant de fois qu'il y a d'unités dans le second.

La Division.

Si, par hasard, il ne s'étoit trouvé dans la corbeille que trente cerises, et qu'il t'eût fallu les partager entre 6 personnes, combien chaque personne en auroit-elle eu ?

30 { divisés par 6,
donnent 5.

Chaque personne auroit donc eu 5 cerises.

L'usage de la division est, comme tu vois, de partager un nombre en autant de parties qu'il y a d'unités dans celui par lequel on le divise.

TABLEAU NOMINAL

du nouveau Systéme des poids et mesures, avec
les signes.

MESURES LINÉAIRES.		POIDS.	
Noms.	*Signes.*	*Noms.*	*Signes.*
Millimetre	m. mt.	Milligramme	m. gr.
Centimetre	c. mt.	Centigramme	c. gr.
Décimetre	d. mt.	Décigramme	D. gr.
Metre	mt.	Gramme	gr.
Décametre	D. m.	Décagramme	d. gr.
Hectometre (*a*)	h. m.	Hectogramme	h. gr.
Kilometre (*b*)	k. mt.	Kilogramme	k. gr.
Myriametre	my. mt.	Myriagramme	my. gr.

MESURES DE SUPERFICIE.		MONNOIES.	
Noms.	*Signes.*	*Noms.*	*Signes.*
Centiare	c. ar.	Franc	f.
Déciare	d. ar.	Décime	d.
Are	ar.	Centime	c.
Décare	D. ar.		
Hectare	h. ar.		
Kilare	k. ar.		
Myriare	my. ar.		

MESURES GÉOGRAPHIQUES
et du cercle.

Noms.	*Signes.*
Milliaires	m.
Degré	o
Minute	'
Seconde	''
Tierce	'''

MESURES DE CAPACITÉ.	
Noms.	*Signes.*
Millilitre	m. lt.
Centilitre	c. lt.
Décilitre	d. lt.
Litre	lt.
Hectolitre	h. lt.
Décalitre	D. lt.
Kilolitre	k. lt.

PUISSANCES.

Quarré	q.
Cube	cu.

(*a*) Ou mieux Hécatonmetre, et ainsi de tous les noms en *Hecto*.
(*b*) Ou mieux Chiliometre, et ainsi de tous les noms *Kilo*.

F 2

Chiffres Arabes et Romains.

Un	1	I.
Deux.	2	II.
Trois.	3	III.
Quatre.	4	IV.
Cinq.	5	V.
Six.	6	VI.
Sept.	7	VII.
Huit.	8	VIII.
Neuf.	9	IX.
Dix.	10	X.
Onze.	11	XI.
Douze.	12	XII.
Treize.	13	XIII.
Quatorze.	14	XIV.
Quinze.	15	XV.
Seize.	16	XVI.
Dix-sept.	17	XVII.
Dix-huit.	18	XVIII.
Dix-neuf.	19	XIX.
Vingt.	20	XX.
Vingt-un.	21	XXI.
Vingt-deux.	22	XXII.
Vingt-trois.	23	XXIII.
Vingt-quatre.	24	XXIV.
Vingt-cinq.	25	XXV.
Vingt-six.	26	XXVI.

	Arabes	Romains.
Vingt-sept.	27	XXVII.
Vingt-huit.	28	XXVIII.
Vingt-neuf.	29	XXIX.
Trente.	30	XXX.
Trente-un.	31	XXXI.
Trente-deux.	32	XXXII.
Trente-trois.	33	XXXIII.
Trente-quatre.	34	XXXIV.
Trente-cinq.	35	XXXV.
Trente-six.	36	XXXVI.
Trente-sept.	37	XXXVII.
Trente-huit.	38	XXXVIII.
Trente-neuf.	39	XXXIX.
Quarante.	40	XXXX ou XL.
Quarante-un.	41	XLI.
Quarante-deux.	42	XLII.
Quarante-trois.	43	XLIII.
Quarante-quatre.	44	XLIV.
Quarante-cinq.	45	XLV.
Quarante-six.	46	XLVI.
Quarante-sept.	47	XLVII.
Quarante-huit.	48	XLVIII.
Quarante-neuf.	49	XLIX.
Cinquante.	50	L.
Cinquante-un.	51	LI.
Cinquante-deux.	52	LII.
Cinquante-trois.	53	LIII.
Cinquante-quatre.	54	LIV.

F 3

	Arabes.	Romains.
Cinquante-cinq.	55	LV.
Cinquante-six.	56	LVI.
Cinquante-sept.	57	LVII.
Cinquante-huit.	58	LVIII.
Cinquante-neuf.	59	LIX.
Soixante.	60	LX.
Soixante-un.	61	LXI.
Soixante-deux.	62	LXII.
Soixante-trois.	63	LXIII.
Soixante-quatre.	64	LXIV.
Soixante-cinq.	65	LXV.
Soixante-six.	66	LXVI.
Soixante-sept.	67	LXVII.
Soixante-huit.	68	LXVIII.
Soixante-neuf.	69	LXIX.
Soixante-dix.	70	LXX.
Soixante-onze.	71	LXXI.
Soixante-douze.	72	LXXII.
Soixante-treize.	73	LXXIII.
Soixante-quatorze.	74	LXXIV.
Soixante-quinze.	75	LXXV.
Soixante-seize.	76	LXXVI.
Soixante-dix-sept.	77	LXXVII.
Soixante-dix-huit.	78	LXXVIII.
Soixante-dix-neuf.	79	LXXIX.
Quatre-vingt.	80	LXXX.
Quatre-vingt-un.	81	LXXXI.
Quatre-vingt-deux.	82	LXXXII.

	Arabes.	Romains.
Quatre-vingt-trois.	83	LXXXIII.
Quatre-vingt-quatre.	84	LXXXIV.
Quatre-vingt-cinq.	85	LXXXV.
Quatre-vingt-six.	86	LXXXVI.
Quatre-vingt-sept.	87	LXXXVII.
Quatre-vingt-huit.	88	LXXXVIII.
Quatre-vingt-neuf.	89	LXXXIX.
Quatre-vingt-dix.	90	XC.
Quatre-vingt-onze.	91	XCI.
Quatre-vingt-douze.	92	XCII.
Quatre-vingt-treize.	93	XCIII.
Quatre-vingt-quatorze.	94	XCIV.
Quatre-vingt-quinze.	95	XCV.
Quatre-vingt-seize.	96	XCVI.
Quatre-vingt-dix-sept.	97	XCVII.
Quatre-vingt-dix-huit.	98	XCVIII.
Quatre-vingt-dix-neuf.	99	XCIX.
Cent.	100	C.
Deux cents.	200	CC.
Trois cents.	300	CCC.
Quatre cents.	400	CCCC.
Cinq cents.	500	D.
Six cents.	600	DC.
Sept cents.	700	DCC.
Huit cents.	800	DCCC.
Neuf cents.	900	DCCCC.
Mille.	1000	M.

TABLEAU
DE MULTIPLICATION.

2	fois	2	font	4
2	fois	3	font	6
2	fois	4	font	8
2	fois	5	font	10
2	fois	6	font	12
2	fois	7	font	14
2	fois	8	font	16
2	fois	9	font	18
2	fois	10	font	20
2	fois	11	font	22
2	fois	12	font	24
3	fois	3	font	9
3	fois	4	font	12
3	fois	5	font	15
3	fois	6	font	18
3	fois	7	font	21
3	fois	8	font	24
3	fois	9	font	27
3	fois	10	font	30
3	fois	11	font	33
3	fois	12	font	36
4	fois	4	font	16
4	fois	5	font	20
4	fois	6	font	24
4	fois	7	font	28
4	fois	8	font	32
4	fois	9	font	36
4	fois	10	font	40
4	fois	11	font	44
4	fois	12	font	48

5	fois	5	font	25
5	fois	6	font	30
5	fois	7	font	35
5	fois	8	font	40
5	fois	9	font	45
5	fois	10	font	50
5	fois	11	font	55
5	fois	12	font	60
6	fois	6	font	36
6	fois	7	font	42
6	fois	8	font	48
6	fois	9	font	54
6	fois	10	font	60
6	fois	11	font	66
6	fois	12	font	72
7	fois	7	font	49
7	fois	8	font	56
7	fois	9	font	63
7	fois	10	font	70
7	fois	11	font	77
7	fois	12	font	84
8	fois	8	font	64
8	fois	9	font	72
8	fois	10	font	80
8	fois	11	font	88
8	fois	12	font	96
9	fois	9	font	81
9	fois	10	font	90
9	fois	11	font	99
9	fois	12	font	108
10	fois	10	font	100

PENSÉES

Propres à servir d'exemple d'écriture.

Adore un Dieu, sois juste et chéris ta patrie.

Un élève sans mœurs est un arbre sans fruits.

Faisons ce qu'on doit faire et non pas ce qu'on fait.

On vous juge d'abord par ceux que vous voyez.

Dans un vase infecté le meilleur vin s'aigrit.

Avant que d'entreprendre il faut considérer.

Qui commence le mieux ne fait rien s'il n'achève.

Le Sage est ménager du tems et des paroles.

Patience et succès marchent toujours ensemble.

Un savant doute, cherche ; un ignorant sait tout.

Soyez humble et modeste au milieu des succès.

Ne faites rejaillir vos peines sur personne.

Pour les infortunés, espérer c'est jouir.

Reprenez sans aigreur, louez sans flatterie.

A force de forger on devient forgeron.

Chaque chose a son tems, il faut savoir le prendre.

L'enfant à qui tout cède est le plus malheureux.

Aimez qu'on vous conseille et non pas qu'on
    vous loue.

Obéis, si tu veux qu'on t'obeisse un jour.

Ce n'est pas obéir qu'obéir lentement.

On se trouve toujours un plus sot qui l'admire.

De services, d'égards la vie est un échange.

On a souvent besoin d'un plus petit que soi.

Parlez peu, pensez bien, et gardez vos secrets.

Croire qu'on ne sait rien, c'est apprendre beaucoup.

Le bienfait qu'on reproche est un bienfait perdu.

On n'est pas écouté quand on parle en grondant.

C'est n'être bon à rien, de n'être bon qu'à soi.

Ne fais pas à autrui ce que tu crains pour toi.

C'est mourir satisfait, que de mourir aimé.

Les gens qui n'aiment qu'eux ne sont pas ceux
    qu'on aime.

N'allez point divulguer ce que l'on vous confie.

Celui qui perd l'honneur n'a plus rien à garder.

LES MAXIMES
De l'honnête homme, ou de la sagesse.

CRAIGNEZ un Dieu vengeur, et tout ce qui le blesse;
C'est là le premier pas qui mene à la sagesse.

Ne plaisantez jamais ni de Dieu ni des Saints :
Laissez ce vil plaisir aux jeunes libertins.

Que votre piété soit sincere et solide,
Et qu'à tous vos discours la vérité préside.

Tenez votre parole inviolablement,
Mais ne la donnez pas inconsidérément.

Soyez officieux, complaisant, doux, affable ;
Poli, d'humeur égale, et vous serez aimable.

Du pauvre qui vous doit n'augmentez point les
    maux ;
Payez à l'ouvrier le prix de ses travaux.

Bon pere, bon époux, bon maître sans foiblesse ;
Honorez vos parens, sur-tout dans leur vieillesse.

Du bien qu'on vous a fait soyez reconnoissant,
Montrez-vous généreux, humain et bienfaisant.

Donnez de bonne grace ; une bonne maniere
Ajoute un nouveau prix au présent qu'on veut faire.
                                    Rappellez

Rappelez rarement un service rendu ;
Le bienfait qu'on reproche, est un bienfait perdu.

Ne publiez jamais les grâces que vous faites ;
Il faut les mettre au rang des affaires secretes.

Prêtez avec plaisir , mais avec jugement ;
S'il faut récompenser , faites-le dignement.

Au bonheur du prochain ne portez pas envie ;
N'allez point divulguer ce que l'on vous confie.

Sans être familier ayez un air aisé ;
Ne décidez de rien qu'après l'avoir pesé.

A la religion soyez toujours fidelle ;
On ne sera jamais honnête homme sans elle.

Aimez le doux plaisir de faire des heureux ;
Et soulagez sur-tout le pauvre vertueux.

Soyez homme d'honneur et ne trompez personne ;
A tous ses ennemis un cœur noble pardonne.

Aimez à vous venger par beaucoup de bienfaits ;
Parlez peu , pensez bien , et gardez vos secrets.

Ne vous informez point des affaires des autres ;
Sans air mystérieux dissimulez les vôtres.

N'ayez point de fierté ; ne vous louez jamais ;
Soyez humble et modeste au milieu des succès.

Surmontez les chagrins où l'esprit s'abandonne ;
Ne faites rejaillir vos peines sur personne.

Supportez les humeurs et les défauts d'autrui ;
Soyez des malheureux le plus solide appui.

G.

Reprenez sans aigreur, louez sans flatterie ;
Ne méprisez personne, entendez raillerie.

Fuyez les libertins, les fats et les pédans ;
Choisissez vos amis ; voyez d'honnêtes gens.

Jamais ne parlez mal des personnes absentes ;
Badinez prudemment les personnes présentes.

Consultez volontiers ; évitez les procès ;
Où la discorde regne, apportez-y la paix.

Avec les inconnus usez de défiance ;
Avec vos amis même ayez de la prudence.

Point de folles amours, ni de vin, ni de jeux ;
Ce sont là trois écueils en naufrage fameux.

Sobre pour le travail, le sommeil et la table,
Vous aurez l'esprit libre et la santé durable.

Jouez pour le plaisir, et perdez noblement ;
Sans prodigalité dépensez prudemment.

Ne perdez point le tems à des choses frivoles ;
Le sage est ménager du tems et des paroles.

Sachez à vos devoirs immoler vos plaisirs ;
Et pour vous rendre heureux moderez vos désirs.

Ne demandez à Dieu ni grandeur, ni richesse ;
Mais pour vous gouverner demandez la sagesse.

fables.

LE JOUEUR DE GOBELETS.

Escroquillard , fameux escamoteur ,
    Dans un village , un beau dimanche ,
    Dressa son théâtre imposteur
Sur deux treteaux que couvroit une planche.
Puis au bruit du tambour il se fit annoncer :
C'est par ici , messieurs ; allons , prenez vos places ;
    Dans l'instant je vais commencer.
    Tous mes benêts , pipés par ses grimaces ,
    De l'admirer ne pouvoient se lasser.
        Après maints tours de passes-passes ,
    Ils ne savoient que dire et que penser ;
Leurs yeux frappés de ce rare spectacle ,
        Prenoient pour autant des miracle
        Chaque parole et chaque changement.
    Ils ne concevoient pas comment ,
        Sans y toucher , une muscade ,
Par le pouvoir du seul commandement ,
        Alloit joindre sa camarade. . . .
        Allons , messieurs , à ce tour-ci :
        Par la vertu de ma baguette ,
Je vais changer cet écu que voici ,
        En plomb.... Partez.... La chose est faite.
        Le voyez-vous ? Ça maintenant ,
        Que le plomb redevienne argent ;

Soufflez dessus..... Chaque maroufle,
Tour-à-tour de bonne foi souffle,
Et l'écu paroît de nouveau.
Ah, mon Dieu ! Seigneur, que c'est beau !
Quel esprit ! C'est pire qu'un homme ;
Que cet homme-là.... Ça, messieurs,
Leurs dit Escroquillard, le tems m'appelle ailleurs.
A leur dépens, muni d'une assez bonne somme,

. . . .

Son départ fut son dernier tour.

V A D É.

~~~~~~~~~

L'ENFANT ET LA POUPÉE.

Dans une foire, un jeune enfant,
Promené par sa gouvernante,
Contemploit d'un œil dévorant,
Maints beaux colifichets. Tout lui plaît, tout le tente ;
Il veut polichinel, ensuite un porteur d'eau,
Et puis il n'en veut plus.— Voulez-vous une épée ?
—Ah oui ; mais non, j'aime mieux ce berceau.
Il l'eût pris sans une poupée
Qui le séduisit de nouveau.
On la lui donne ; en sautant il l'emporte.
Chez la maman le voilà de retour :
Aux gens du logis, tour-à-tour,
Il fait baiser l'objet qui d'aise le transporte :
Depuis le matin jusqu'au soir,
De chambre en chambre il la promene.
S'il faut s'aller coucher, il la quitte avec peine ;
Et s'endort en pleurant, dans les bras de l'espoir :
En dormant il en rêve ; et le jour lui ramene
Sa Mimi ; qu'on l'apporte, et vite il veut la voir.

Pendant près de huit jours, avec exactitude,
  Fanfan joue avec sa catin.
Il paroissoit content ; mais le petit coquin
De la possession se fit une habitude.
L'habitude et le froid se tiennent par la main :
Le froid donc s'ensuivit, et le dégoût enfin.

V A D É.

On aime ce qu'on n'a pas, et ce qu'on a cesse de plaire.

F A N F A N E T C O L A S.

Fanfan gras et vermeil et marchant sans lisiere,
  Voyoit son troisieme printems.
D'un si beau nourrisson, Perrette toute fiere,
S'en alloit à Paris le rendre à ses parens.
  Perrette avoit sur sa bourrique,
 Dans deux paniers, mis Colas et Fanfan.
De la riche Cloé, celui-ci fils unique,
  Et peut-être de caractere.
  Colas, lui, n'étoit que Colas,
  Fils de Perrette et de son mari Pierre.
Il aimoit tant Fanfan, qu'il ne le quittoit pas.
  Fanfan le chérissoit de même.
Ils arrivent. Cloé prend son fils dans ses bras ;
  Son étonnement est extrême,
Tant il lui paroît fort, bien nourri, gros et gras.
Perrette de ses soins est largement payée :
  Voilà Perrette renvoyée ;
  Voilà Colas que Fanfan voit partir.
  Trio de pleurs. Fanfan se désespere ;
  Il aimoit Colas comme un frere ;
Sans Perrette et sans lui que va-t-il devenir ?
Il fallut se quitter. On dit à la nourrice :

G 3

Quand de votre hameau vous viendrez à Paris ,
    N'oubliez pas d'amener votre fils ;
Entendez-vous , Perrette ? on lui rendra service.
Perrette, le cœur gros , mais plein d'un doux espoir ;
    De son Colas croit la fortune faite.
De Fanfan cependant Cloé fait la toilette.
Le voilà décrassé , beau , blanc ; il falloit voir !
    - Habit moiré , toquet d'or , riche aigrette.
On dit que le fripon se voyant au miroir ,
    Oublia Colas et Perrette.
Je voudrois à Fanfan porter cette galette ,
Dit la nourrice un jour ; Pierre , qu'en penses-tu ?
Voilà tantôt six mois que nous ne l'avons vu.
    Pierre y consent ; Colas est du voyage.
    Fanfan trouva (l'orgueil est de tout âge) ,
    Pour son ami , Colas trop mal vêtu :
    Sans la galette , il l'auroit méconnu.
Perrette accompagna ce gâteau d'un fromage ,
De fruits et de raisins.
    Les présens furent bien reçus ;
Ce fut tout ; et tandis qu'elle n'est occupée
    Qu'à faire éclater son amour ,
    Le marmot lui bat du tambour ,
Traîne son chariot , fait danser sa poupée.
Quand il a bien joué , Colas dit : C'est mon tour ;
    Mais Fanfan n'étoit plus son frère ;
    Fanfan le trouva téméraire ;
    Fanfan le repoussa d'un air fier et mutin.
    Perrette alors prend Colas par la main :
    Viens , lui dit-elle avec tristesse ,
Voilà Fanfan devenu grand seigneur ;
    Viens , mon fils , tu n'as plus son cœur.
L'amitié disparoît où l'égalité cesse.
A U B E R T.

CLOÉ ET FANFAN.

J'ai peint Fanfan ingrat envers Perrette,
    Perrette qui l'avoit nourri ;
Je l'ai peint dédaignant Colas pour son ami,
Et logeant la fierté déjà sous sa bavette.
    Fanfan grandit ; et malgré les avis
      De Cloé, mere tendre et sage,
    Son orgueil s'accrut avec l'âge :
Le fripon insultoit tous les gens du logis.
    Que fit Cloé pour corriger son fils ?

. . . .

. . . .

Mon fils, dit-elle un jour, apprenez le malheur
    Où le juste destin vous plonge :
Vous n'êtes point à moi : Perrette et son mari
    Ont trompé tous deux ma tendresse ;
    Ce secret vient d'être éclairci.

. . . .

. . . .

Colas est mon enfant, et vous allez partir.

. . . .

Fanfan, troublé, muet, l'œil fixé sur sa mere,
A ce nom de Colas, laisse couler des pleurs.
    Cloé tournant les yeux ailleurs,
    Pour pousser jusqu'au bout l'affaire,
Tient ferme, le dépouille, et lui met les habits
    Qu'il devoit porter au village.
Mille sanglots alors échappent à son fils ;
    Les pleurs innondent son visage.
Il parle enfin : Maman, que vais-je devenir ?

Mal vêtu , mal nourri. . . . .

. . . . . . —Oui , Colas ; mais qu'y faire ?
Le ciel de votre orgueil a voulu vous punir.
Colas , vous méprisiez mon fils et votre mere ;
Vous traitiez durement tous ceux dont la misere ,
  Pour subsister , oblige de servir :
  Vous allez apprendre à les plaindre.
  Vous voyez qu'au sein du bonheur ,
  Les retours du sort sont à craindre.
De vos cruels dédains reconnoissez l'erreur.
  Si mon fils alloit vous les rendre !
S'il alloit à son tour..... Fanfan n'y tenant plus ,
Tombe aux pieds de Cloé , désespéré , confus,
  La conjure de le reprendre.
  Je servirai , lui dit-il , votre fils ;
Je le respecterai , je lui serai soumis.
  C'en fut assez pour cette sage mere ,
  Qui se sentoit trop attendrir.
Elle embrassa son fils , quitta cet air sévere ,
L'appella par son nom , loua son repentir ;
  Et désormais eut lieu de s'applaudir
  De cette leçon salutaire.

A U B E R T.

~~~~~~~~~~

LES DEUX ENFANS.

  Un jour Perrinet et Colin ,
Deux enfans du même âge , entrés dans un jardin ,
  S'égayoient à la promenade ,
Et sous des marroniers faisoient mainte gambade :
  Ils trouverent sur le gazon
Un fruit plein de piquans , fait comme un hérisson.

Colin le ramassa. Son petit camarade
    Le crut un sot : Tu tiens : dit-il , un mets
        Des plus friands pour les baudets ;
    C'est un chardon , et ton goût est étrange.
      Pour moi , je vois des pommes d'or ;
    Voilà mon fait , et la main me démange.
      Perrinet à l'instant se saisit d'une orange ,
      Et croit posséder un trésor :
La couleur du métal que l'univers adore
Séduit jusqu'aux enfans. Celui-ci , bien joyeux,
Admire un si beau fruit , et s'imagine encore
      Qu'il est d'un goût délicieux.
Il y fut attrappé , notre petit compere ,
      Car cette orange étoit amere.
      Aussitôt qu'il en eut goûté ,
Il la jeta bien loin. Colin , de son côté ,
S'étoit piqué les doigts ; mais sa persévérance ,
      Surmontant la difficulté ,
      Trouve un marron pour récompense.
      Ce marron hérissé figure la science
      Qui sous des dehors épineux
Cache d'excellens fruits , tandis que l'ignorance ,
      Sous une riante apparence ,
Produit des fruits amers , et souvent dangereux.

                   RICHARD.

L'ENFANT ET LE MIROIR.

Un enfant élevé dans un pauvre village
Revint chez ses parens, et fut surpris d'y voir
Un miroir.
D'abord il aima son image ;
Et puis, par un travers bien digne d'un enfant,
Et même d'un être plus grand,
Il veut outrager ce qu'il aime,
Lui fait une grimace, et le miroir la rend.
Alors son dépit est extrême,
Il lui montre un poing menaçant,
Et se voit menacé de même.
Notre marmot fâché s'en vient en frémissant
Battre cette image insolente :
Il se fait mal aux mains ; sa colere en augmente ;
Et, furieux, au désespoir,
Le voilà devant ce miroir
Criant, pleurant, frappant la glace.
Sa mere qui survient, le console, l'embrasse,
Tarit ses pleurs, et doucement lui dit :
N'as-tu pas commencé par faire la grimace
A ce méchant enfant qui cause ton dépit ?
—Oui.—Regarde à présent : tu souris, il sourit ;
Tu tends vers lui les bras, il te les tend de même ;
Tu n'es plus en colere, il ne se fâche plus.
De la société tu vois ici l'emblême :
Le bien, le mal nous sont rendus.

FLORIAN.

VERS

PRÉSENTÉS PAR UN JEUNE ENFANT
A SA MERE.

Qu'en ce beau jour j'ai de plaisir,
Chere maman, à t'offrir cette rose !
Elle est fraîche et jolie : à peine est-elle éclose
Du premier souffle du zéphir.
Dans mes bras enfantins permets que je t'enlace,
En t'offrant ce léger présent,
Et que de mes mains je la place
Sur ton corset, en t'embrassant.
Des maux que tu souffrois que j'étois affligée !
Mais, grâce à nos soupirs, la fortune est changée.
Ah ! si mes pleurs avoient pu te guérir !
Tu connois bien l'excès de ma tendresse,
Rien n'auroit pu les calmer, les tarir.
Ces larmes sur ta bouche auroient coulé sans cesse :
J'aurois préféré d'y mourir.
Mais que mon ame est plus contente !
Je ne crains plus rien pour tes jours ;
Ta santé n'est plus chancelante.
En cet heureux état conserve-la toujours.
Vis pour nous aimer, dans ce charmant asile,
O maman ! tu connois mes sentimens, mon cœur ;
Jamais il ne fut plus tranquille :
Te plaire et t'obéir sera tout mon bonheur.

Bouquet

D'UN ENFANT A SA MERE.

Ce n'est point en offrant des fleurs
Que je veux peindre ma tendresse ;
De leur parfum, de leurs couleurs,
En peu d'instans le charme cesse.
La Rose naît en un moment ;
En un moment elle est flétrie ;
Mais ce que pour vous mon cœur sent,
Ne finira qu'avec ma vie.

F I N.